CATAL

C000066792

PUBLICACIONS ILLA SOBRE MAR

CATALAN POEMS

Joan Gelabert

Translated by
Annalisa Marí Pegrum

Introduction translated by
Irene de la Torre Perelló

Bilingual edition Catalan and English

CONTENTS

INTRODUCTION

In 2016 we will commemorate the 700th anniversary of Ramon Llull's death, father of Catalan literature and a real genius. Since then, Catalan culture has continued to be present around the world, enriching and embellishing it, despite the persecutions it has suffered for such a long time. This current year, however, is a year of dreams and freedom, a time that should compensate the submissions we suffered because in our way of life freedom is key and happiness a vital aim. That is the essence of human nature.

This book, being advanced in time, is meant as homage to Ramon Llull. His spirit is still present in the way we see the world and the way in which we contemplate ourselves as we are. This means that through these poems the foreign reader can acquire a fairer and clearer vision of modern Catalan culture. A real poet connects the men's hearts, eliminates their prejudices and helps them create higher perceptions of themselves. A real poet therefore, helps man's struggle in striving to improve themselves.

The Spirit blows where it wants, without being tied to any country, culture or language. It is free and manifested in all beings. The contemporary man, unfortunately, doesn't know anything about this, losing the meaning of life and living on his own arrogance. This behavior was already known by the ancient Greeks, who called it *hubris*. However, this existing arrogance of the contemporary man makes the Spirit search for more suitable and modest sojourns, faithful to the right meaning of life. Thus is the reason why the Spirit now lives in the humility of our language and revitalizes this world which receives both our life and our death.

This little book is for you, unknown friend.

Majorca
Summer 2014   J.G.

HAIKÚ SANT

Déu en primavera
que beneeix tots els éssers
amb l'aigua i la llum.

TANKA DE LES PARAULES

Les paraules canten
dormiten en el silenci
fan olor de pomes.
Les paraules vives, santes,
moren i esdevenen còsmiques.

HOLY HAIKU

Springtime God
who blesses all beings
with water and light.

WORD TANKA

Words sing
and doze in silence
smelling of apples.
Living, holy words
die and become cosmic.

TANKA CORAL

Somiaré l'alba
somiaré amb oliveres
somiaré dons:
inhalaré el món d'un àngel
i us llegaré el paradís.

HAIKÚ INTERIOR

El temps et penetra
i t'obres a la bellesa
talment una església.

CHORAL TANKA

I shall dream dawn
I shall dream olive trees
I shall dream gifts:
I shall inhale an angel's world
and bequeath you Paradise.

INTERIOR HAIKU

Time penetrates you
and you open yourself to Beauty
just like a church.

TANKA D'HIVERN

En flor l'ametller
té por del cor de l'hivern,
que emblanquina el dia.
Ens mirem en l'ametller:
la flor que lluita per viure.

TANKA DE L'EMBRUIX

La lluna que balla
i tu que vas amollada
i jo sense jo
anem lligats vers l'amor,
que és el gran embruix del cosmos.

WINTER TANKA

The almond-tree in flower
fears the heart of winter
which whitens day.
It is ourselves we see in the almond-tree:
the flower that fights to live.

SPELL TANKA

The moon is dancing
and you are letting go
and I without the I
we are tied towards love,
the great spell of cosmos

HAIKÚ DINS EL COR

La mar tota blava,
de cristall, de sal, de sol,
del meu cor no es cura.

TANKA ENMIG DE L'UNIVERS

La bellesa en llum:
que el teu cor sigui una casa
màgicament buida.
Car nosaltres som el somni
d'un univers encantat.

HAIKU INSIDE THE HEART

The sea filled with the blue of
crystal, salt, sun
and my heart, which it does not care for.

TANKA AMIDST THE UNIVERSE

Beauty in light:
may your heart become a home,
void magically.
For we are the dream
of an enchanted Universe.

TANKA EN LA CATEDRAL

Els bells finestrals
oberts al nostre silenci
i tots els colors,
suaus, serens i sants, funden
en cosmos la catedral.

TANKA DE LA PROSPERITAT

Deixar-se guiar
com les roselles i els pàmpols
de gojoses sendes;
viure del tot la innocència,
del tot el present d'un déu.

TANKA INSIDE THE CATHEDRAL

The beautiful stained glass windows
open to our silence
and all the colors
soft, serene and holy, found
the Cathedral into cosmos.

PROSPERITY TANKA

Let yourself be guided
like the poppies and the vine-leaf
in the joyful paths;
live through innocence entirely,
entirely a god's present.

HAIKÚ BREU

Amor
ja te'n vas
del món.

TANKA ESFULLADA

La rosa
no s'esfulla
debades:
viu de món
mor de vida.

SHORT HAIKU

Love,
quitting my world
so soon.

TANKA WITH NO PETALS

The rose
does not lose its petals
in vain:
it lives off the world,
it dies off life.

TANKA GOIG

Goig
del dia
ple:
amor
servit!

TANKA PRIMIGÈNIA

Cor
a l'alba:
fe
del vent
en Déu.

PLEASURE TANKA

Pleasure
of the broad
day:
served
love!

ORIGINAL TANKA

Heart
at dawn:
the wind's
faith
in God.

HAIKÚ RESPLENDENT

Oculta en la terra
la llavor lluca tranquil·la
la daurada espiga.

HAIKÚ A L'AGUAIT

Pur espera el dia
l'arribada de la fosca
per veure el misteri

GLOWING HAIKU

Hidden in Earth
the seed stares in silence
at the golden spike.

LURKING HAIKU

In pureness day awaits
the arrival of darkness
to view the mystery.

TANKA DELS LLAVIS

Els mots no són meus,
jo només canto la música
i el dolor pelat.
Els meus llavis cremen besos
per allò que em diu un déu.

HAIKÚ MAGNÍFIC

No temis la fe:
de l'Esperit ens vindrà
la magnificència.

TANKA ON LIPS

Words do not belong to me,
I scarcely sing the music
and the bare pain.
My lips burn kisses
because of what a god whispers to me.

MAGNIFICENT HAIKU

Do not fear faith:
magnificence will come to us
from Spirit.

TANKA DE LA VICTÒRIA

Hora bondadosa,
la contrada lliure i franca
dels homes: la pau.
Només conquerim el bé,
la victòria és afable.

HAIKÚ DE L'ESPERIT

Ets tu, bon amor,
qui has desplegat les senyeres,
les llengües de foc.

VICTORY TANKA

Kindhearted hour,
the free and frank region
of men: peace.
We only conquer goodness,
victory is good-natured.

HAIKU OF THE SPIRIT

It is you, good love,
who has unfolded the flags,
the tongues of fire.

CONSCIÈNCIA

Una gota de sang posarà fi
a la lluna. Una llengua com una assutzena
et dirà el darrer somni d'aquest dia.
Alerta. Damunt la claror del món
es llancen taurons, dents, ones com boques.
El meu cor creix com una agonia.
Un fil de sang cenyeix els reflexos del món,
i una gota de sang et plorarà.
Ho sé. Alerta. Sóc passió esbucada.
Dues mans esclafades com dues blanques roses,
a la llum esquinçada dels meus ulls – oh vida!

Trements llances esqueixen la pell de la nit.
Ara vénen les hores configurant tenebres.

Res del present no es salvarà,
ni del passat viscut, o del futur per viure.

CONSCIENCE

A drop of blood will put an end
to the moon. A tongue like a lily
will tell you today's ultimate dream.
Beware. On the light of the world
sharks, teeth and waves like mouths are fired.
My heart grows like an agony.
A thread of blood encircles the reflections of the world,
and a drop of blood will weep for you.
I know. Beware. I am a ruined passion.
Two hands flattened as two white roses
to the torn light of my eyes – Oh life!

Tremulous lances rend the night's skin.
Now come the hours becoming darkness.

Nothing from the present will be saved,
not from the lived past, nor from the future yet to be lived.

LA CAPELLA DE LES DONES

I

Cal viure en l'esplendor, sempre.
Cert, la tenebra és una incògnita en el camí.
En el fons de la mar descansa l'abisme,
però quan la llum s'hi convoca
riuen els nostres llavis al consentiment.
Tot neix de l'amor, i en l'amor tot mor.

VII

Allò que val és esdevenir existència
perquè el que ens habita ha d'esclatar en món.
Ah, bo és quan arriba la defallent fatiga
reposar en la tendresa silenciosa de l'amor,
que il·lumina el contorn de les coses i les fa ser.

Tu, estimada, no escoltis els cants de la vella ciutat
ni alimentis l'esperança de les pedres,
tu, dolça meva, res no sàpigues dels qui et volen canviar
ni et decantis per les veus que s'aixequen de les ombres,
tu, que has descansat la teva gràcia en el meu pit,
que has conegut el temps sense temps de l'amor.

THE CHAPEL OF WOMEN

I

We are to live in splendor, always.
Indeed darkness is a mystery along the way.
In the sea depths rests the abyss,
but when light is summoned there
our lips smile to the consent.
Everything is born from love,
and in love everything dies.

VII

What counts is to become existence
for what lives in us is to explode into world.
Oh, when the deadly fatigue comes
it is good to rest in the silent tenderness of love,
illuminating the contour of things and allowing them to be.

You, beloved, do not listen to the singings of the old city,
nor feed the hope of stones,
you, my sweetness, know nothing of those who want to change
you,
do not incline yourself either for the voices that raise from
shadows,
you, the one who has rested her grace on my chest,
the one who has known time without the time of love.

XVII

Tu ets lliure, ocell de primavera,
perquè recerques la llibertat
en l'alegria i en el dolor.

Tu ets lliure, roure en el jardí,
perquè et confons en el viure
i en el destí que atorga la virtut.

Tu ets lliure, núvol sobre la mar,
com un home, com una dona,
com l'ésser que s'aixeca en el consentiment.

Tu ets lliure, amor,
com una nena que imagina
i inventa el joc de l'existència.

XVII

You are free, spring bird,
because you search for freedom
in happiness and in pain.

You are free, oak in the garden,
because you blend into life
and into the destiny that grants virtue.

You are free, cloud over the sea,
as a man, as a woman,
as the being who raises in consent

You are free, my love,
as the girl who imagines
and invents the game of existence.

XXIII

Com en la nit, també en el dia
els teus somnis tindran
franca recompensa.
T'has obert a l'aire, al clar pur,
que són propietats de l'existència.
El futur és allò que reclama
el coratge en el present
si el cor sap nodrir-se d'una gran mirada.
Endinsa't, com en la infància, en tots els camins
fes passes cap a la mar, i cap al foc,
mira als ulls i amb mà oberta
cada nou dolor que crema i abat.
Una nit de tempesta arribaràs tota sola
al silenci per escoltar la puresa dels mots.

Jo restaré aquí amb la meva heretat.
I un dia retornaràs a casa
prou cansada, cert, però tan feliç
d'haver-te conquerit a tu mateixa!

XXIII

Not only in night, also in daytime
your dreams will have
a frank reward.
You have opened yourself to air, to clear pureness,
the property of existence.
Future is what claims
courage in the present
if the heart can feed itself from a great look.
Enter, like you did as a child, into all the paths,
step towards the sea, thus towards fire,
look into the eyes and with an opened hand
each new pain that burns and defeats.
A night of tempest you will arrive alone
to silence in order to listen to the purity of words.

I shall remain here with my legacy.
And one day you will come back home,
exhausted – this is true – but so joyful
to have conquered yourself!

ESTIMAR LA VIDA

A Joan Company i Siquier

Estimada vida,
ets com el misteri
i com la màgia;
ulls com imants
m'estiren
al teu pol
ferit,
germinador,
crepitant,
obert
a la bellesa,
a l'universal,
al pregon desitjat
del cant i del silenci,
perfil, llavi mortal del nostre cos
desemparat.

Estimada vida,
per tu entenc
els miracles
i Jesús – aquest
jove déu del món –,
bessó de l'amor,
que multiplicava
els peixos i els pans
com es multipliquen
les besades i les abraçades,
les carícies
les gotes de suor
i les alegries,

TO LOVE LIVE

To Joan Company i Siquier

Beloved life,
you are like mystery
and magic;
eyes like magnets
pull me
towards your wounded
pole,
germinating,
crackling,
open
to beauty,
to what is universal,
to the profoundly wished
of singing and silence,
silhouette, mortal lip of our
helpless body.

Beloved life,
for you I understand
the miracles
and Jesus – this
worldly young god –
twin of Love,
he who multiplied
fish and bread
just as other multiplied
kisses and embraces,
caresses
sweat drops
and joyful moments,

car tu també em guareixes
amb la teva sola mirada
que contempla el real i el pregon.

Estimada vida,
la matèria
i l'esperit
són
el mateix.
Així és la veritat.
Això és el principi de tot.
Que ho sàpiguen
els científics
i els doctors
i els cardenals
car el no ésser
és sols una forma
sense forma de l'ésser –
res no comença
ni quelcom acaba
car l'un i l'altre
tot just diuen
el Temps.
Però no pas l'amor,
ni encara menys el prodigi!

Estimada vida,
tu em guareixes,
i jo romanc perplex
en veure'm passar
de la malaltia
a la salut,
i de la salut

because you also cure me
with your mere look
that contemplates what is real and what is deep.

Beloved life,
matter
and spirit
are
identical.
It is true.
This is the beginning of everything.
Let the scientists
and the doctors
and the cardinals
know this
since the non-being
is only a formless
form of the being –
things do not begin
nor do they end
because both
are but
Time;
howbeit not love,
even less prodigy!

Beloved life,
you cure me
and I remain bewildered
as I see myself come and go
from sickness
to health,
and from health

al jo vertader,
multiplicant-me
com una deu de besades
com una història de pans
com una marea de peixos
i un molí fariner,
tu
transfigurant
com màgia embolcant
l'imperfecte humà
tu
multiplicant
com un miracle
l'etern sempre humà.

L'etern sempre humà.

to the real self,
multiplying
like a source of kisses
like a story about bread
like a tide of fish
or a flour mill,
you
transfiguring yourself
like magic wrapping
human imperfection
you
multiplying yourself
as a miracle,
eternity which is always to be human.

Eternity which is always to be human.

UNIVERS BRESCAT

Del món broten els morts i els vius,
del món els nens i els rics, el feréstec,
del món, els jardins i l'asfalt,
del món àdhuc el delit de menjar i els peixos de mil colors,
del món, del pobre món, els pobres.
Del món, del bon món,
del món del pa i del vi de cada dia
el més bell i *el terrible.*
Tot just dels poetes tots sols
brota la fresca solitud de la paraula.

POROUS UNIVERSE

From the world sprout those dead and alive,
from the world children and the rich ones, the wild,
from the world gardens and the asphalt,
from the world even the delight of eating and fish of thousand
colors,
from the world, from the poor world, the poor.
From the world, from the good world,
from the world of the bread and of the wine of every day,
the most beautiful thing and *the terrible*.
Only from the alone poets
sprouts the fresh loneliness of the word.

DEU

Estima Déu
i el món tornarà a ser jove.

No et deixis entabanar per vanitats
ni pels encantadors de serps,
allunya't amb un somriure dels venedors de píndoles
i riu-te'n dels mercaders de paradisos.
Tu mateix ets el teu destí.

Que cap enganamons no t'aglapeixi.
I, sobretot, no tudis l'amor
que l'univers diposita en tu, d'amagat.
Oblida el passat i avança
cap als nous camins dels rosers;
i després del dolor, renta't,
i dirigeix-te cap endins dels grans espais oberts.
Sigues sempre com el sol i la lluna.
Com el sol dóna't a tothom per igual,
com la lluna rep de grat el que se t'ofereix.

Així t'eleves,
i t'apropes molt al Sagrat.

TEN

Love God
and the world will be young again.

Do not be seduced by vanity
or by snake charmers,
walk away with a smile from tablet merchants
and laugh at the merchants of paradise.
You are your own destiny.

Do not let yourself be fooled by deceit.
And, most of all, do not spoil the love
that the universe has placed in you, secretly.
Forget the past and move forward
towards the new paths of the rosebush;
and after pain, wash yourself up
and enter the wide open spaces.
May you always be like the sun and the moon.
Just like the sun gives to everyone alike,
just like the moon receives gladly what it offers you.

Like this you will rise
and move closer to the Sacred One.

BEATITUD

Dolç és estar no sentint-se,
mirar al lluny i no escoltar.
Ajeure's en el buit
inconscient
i viatjar sense llenguatge –
vers l'estranger.

Dolç és estar no pensant,
viure sense estar veient, al lluny.
Despertar-se i no saber-ho,
parlar i no trepitjar mai
cap realitat –
en l'estranger.

Dolç és estar no estimant,
obrir-se a tots i no sentir-ho,
fer les coses sense posar-hi esment,
callar sense el menor esforç,
però sobretot ésser gran,
ésser gran i no adonar-se'n –
en la pau de l'estrany.

BEATITUDINE

It is sweet to be and not feel oneself,
looking into the distance without listening.
Laying down in the unconscious
void
and traveling without language –
towards what is foreign.

It is sweet to be and not think
to live without seeing, far away.
To wake up and not know it,
to speak and never tread
other realities –
in foreign land.

It is sweet to be and not love
to be open to everything and not to feel it,
to do things without putting attention in it,
being quiet without the minor effort,
but especially to be great
to be great and not realize it –
in the peace of that what is strange.

AL MEU POBLE

Ah, com el meu cant volia
agermanar-se amb el meu poble, el desvolgut!
La veu del meu cos brollà aquí,
la dolcesa d'aquesta terra m'ha fet tranquil
i aquest sol, que m'ha torrat, m'ha permès la mirada,
ara estesa com la blanca vela en la blavor
misteriosa de la mar, la musical.
He vist desfer-se mil capvespres
i albades diferents m'han despertat el cor
al nou dia convocant-me a l'existència;
coneixen els meus llavis la bresca de mel
i l'oli, i les taronges que rodolen en el camí.
Perquè, a la fi, tot això que és amor
i que desplega el cor com una vall entre muntanyes
necessita la gràcia d'un camp en conreu: la llibertat.
Aquesta és la glòria noble dels homes.
Un convit a la pau,
generós com un pagès després de la collita
abundant i segura, una consigna d'amor
clara com el roure esponerós
que ocupa el lloc predestinat a la natura,
la pregària de l'esperit en el silenciós temple,
el goig de la festa en el cant i en el ball,
les rialles del pa i el vi que encanta el dolor,
tot aquest convit de silenciosa alegria en la pau
és el nom que té la germana paraula.
Allò que regala Déu pertany a tots,
així, les coses són lliures per necessitat.

TO MY PEOPLE

Oh, how I longed for my singing
to bond with my people, those unloved!
The voice of my body sprang here,
the sweetness of this land has calmed me
and this sun, which also tanned me, has Bestowed on me
the look
which now extends itself as the white sail
in the mysterious blue of the sea, the musical one.
I have seen one thousand late afternoons undo themselves,
and different dawns have awoken my heart
for the new day calling me to the existence;
my lips know the honeycomb, and the oil,
and the oranges that roll in the way.
Because, in the end, all that is love
and that the heart unfolds as a valley between mountains
need the grace of a field in cultivation: freedom.
This is the noble glory of the men.
A treat to the peace,
generous as a farmer after the harvest
abundant and secure, a motto of love
clear as the flourishing oak
which occupies its place foreordained in nature,
the prayer of the spirit in the silent temple,
the joy of the feast in the singing and dancing,
the laughter of the bread and the wine that enchant the pain,
all this treat of silent joy in the peace
is the name that has the word sister.
That what God gives belongs to us all;
so, things are free out of necessity.

L'HOME VENAL

III

Feliç l'home que estima la bondat
I sofreix amb naturalitat els cops de fortuna.
Feliç l'home que s'ha alliberat a si mateix
I ajuda amb naturalitat el seu pròxim.

Feliç aquell que es conforma amb poc
I que tota la nit dorm tranquil i no somia.
Feliç aquell que ha après a acceptar el sofriment
I no té necessitat de murmurar oracions.

Feliç qui sap guardar el sentit de les paraules
I les duu al cor com si fossin les seves filles.
Feliç qui té per amiga la sinceritat
I s'aparta dels negocis, i de les herències.

Feliç tu, si ja saps estimar el teu Déu
I cada dia li parles amb més amor humà.
Feliç tu, si saps donar el teu fruit a aquest món
I no et guardes res enlloc per a l'endemà de la mort.

THE VENAL MEN

III

Happy is he who loves kindness
And suffers with ease the blows of fortune.
Happy is he who has freed himself
And helps naturally his fellow creatures.

Happy is he that agrees to little
And the whole night he sleeps calmly and does not dream.
Happy is he who has learned to accept suffering
And does not need to murmur prayers.

Happy is he who is able to guard the sense of words
And takes them in the heart as if they were his daughters.
Happy is he who has honesty as a friend
And keeps away from business, and inheritances.

Happy you, the man who already knows how to love his God
And speaks to him daily with more human love.
Happy you, the man who can give his fruit to this world
And does not keep anything elsewhere for after death.

VIII

Qui posa l'ull en la riquesa i l'èxit
Es corromprà en la seva pròpia natura;
Qui s'imagina que jeu amb la dona d'altri
Es converteix amb un que no existeix.

Això és perquè hi ha els sentits.
Perquè vivim únicament dels sentits.
Nosaltres mateixos ens treim venals
I és una constant mudança de ser i no ser.

És precisament per això que està escrit:
"Els morts no tornaran a la vida
I les ombres no ressuscitaran".
Per això també sortírem del paradís.

Qui viu pels sentits mor amb els sentits
I no torna a cap vida ni ressuscita a cap llum.
Qui viu amb l'ànima viu en l'etern
I no depèn de la mort i no ha de ressuscitar.

Els sentits només són pura il·lusió.
Per això és tan dòcil esdevenir-ne esclau.
I per això és tan fàcil alliberar-se'n.
Només cal buidar-se, i caure en l'ànima.

VIII

He who sets his eye on wealth and success
Will become corrupted in his own nature;
He who daydreams with someone else's wife
Becomes a non-existing entity.

This happens because of our senses.
Because we live exclusively from our senses.
We put ourselves on sale
And constantly pass from being to not being.

It is precisely for this reason that it is written:
"The dead ones will not come back to life
And the shadows will not rise".
This is also why we left paradise.

He who lives through his senses also dies with senses
And neither returns to life nor revives any light.
He who lives through the soul lives in eternity
And does not depend on death and is not obliged to
         resuscitate.

Senses are just an illusion.
This is why it is so docile to become its slave.
And also why it is so easy to get rid of them.
One needs only to empty himself, and fall into the soul.

X

Que pugui dur a bon terme allò que emprenc,
Que mai no em cansi de lloar la justícia,
Que sempre m'acompanyi la pietat
I que mai no sigui vençut pel poder dels doblers.

Que la meva paraula ajudi aquell que m'escolta,
Que sàpiga compartir sempre l'aigua i l'oli,
Que la meva casa estigui oberta als estels
I que mai el meu cor no s'acali davant la violència.

Que la vellesa no em faci covard ni míser,
Que la meva gratitud trobi tots els portals,
Que m'elevi sempre més enllà de mi mateix
I que mai no surti del corrent de la creació.

Que la desesperació no em faci perdre el seny,
Que l'amor no se'm converteixi en pura mentida,
Que sempre sigui fidel als dons del Sant Esperit
I que mai no oblidi la misericòrdia del meu Senyor.

X

May I be able to bring to fruition whatever I undertake,
May I never get tired of praising Justice,
May piety always accompany me
And may I never be conquered by the power of money.

May my word help he who listens to me,
May I always know how to share water and oil,
May my house remain open for the stars
And may my heart never bend before violence.

May the old age not make me coward or wretched,
May my gratitude find all the doors,
May I always raise beyond myself
And may I never leave the current of Creation.

May despair not make me lose my sanity
May love not turn me into a pure lie,
May I always be faithful to the gifts of the Holy Spirit
And may I never forget the mercy of my Lord.

XIII

La ment ens juga males passades,
És com un teatre d'ombres xineses,
Que ens fa veure el que no hi ha
I ens fa ser el que no som ni serem.

La ment, tanmateix, és com un gran vidre,
Una simple taca negra l'embruta,
Una volva de fina pols l'enterboleix,
El teu mateix alè el deixa entelat.

Com podries, doncs, veure-hi clar?
La taca és la teva persistent idea,
La fina pols és l'adherent sentiment
I el teu alè és el teu desig i la teva por.

Si vols netejar el vidre, hi deixaràs
La teva empremta, el teu voler.
I si vols córrer la cortina de l'oblit,
Ella t'amenaça a fer-se mils bocins.

La salut mental rau en el cor.
La veracitat neteja la ment,
La buidor fa invisible el vidre,
La calma et fa immune a la fosca del cos.

XIII

The mind plays dirty tricks on us
It is like a theatre of Chinese shadows
Forcing us to see what does not exist
Turning us into what we are not and never will be.

Nevertheless, the mind is like a great glass
A simple black spot dirties it
A thin filament of powder makes it turbid
Even your breath makes it misty.

How could you, then, see clearly?
The spot is your persistent idea,
The thin powder is the adherent feeling
And your breath is your desire and your fear.

If you are to clean the glass, you will leave
Your fingerprints on it, your want.
And if you are to draw the curtain of forget on it,
It will threaten you to brake in a thousand pieces.

Mental health is in the heart.
Veracity cleans the mind,
Emptiness makes the glass invisible,
Calmness makes you immune to the darkness of the body.

Hi ha coses indicibles.
Però això no t'ha de preocupar.
Basta que romanguis obert
A la visió universal.

Per això els grans mestres
Sempre estan al servei de tot,
No neguen, no discuteixen,
I actuen amb el cos i el cor.

Evita d'aferrar-te als sentits,
No visquis sadoll,
sigues sense tot prejudici,
I copsaràs els grans misteris.

No vulguis governar el món.
La confusió i la calamitat
S'apoderaran de tu, i tu
Les descarregaràs en l'altri.

Per a educar el poble
No hi ha mètode millor
Que la teva conducta exemplar
I la compassió envers tot.

Si romans en silenci en l'instant
Descobriràs la plena harmonia,
Guanyaràs la força de l'instint
I esdevindràs espontani.

XVI

There are unspeakable things
But this must not worry you.
You only need to remain open
To the universal vision.

Because of this the great teachers
Are always at the service of everything,
They do not deny, they do not argue
And they act with the heart and the body.

Avoid becoming attached to the senses,
Do not live satiated,
Be without prejudices
And you will perceive the great mysteries.

Do not desire to govern the world.
Confusion and calamity
Will get hold of you, and you
Will vent your spleen on others.

To educate people
There is no better way
Than your exemplary conduct
And compassion towards everything.

If you remain silently in the instant
You will discover full harmony,
You will gain the strength of instinct
And you will become spontaneous.

No hi ha un món profà aquí
I un món sagrat allà,
No separis la gran unitat:
Tot és un ser integral.

Si ja saps fluir amb les coses,
Si ja has après a restar buit,
Si ets igual dedins i defora,
Llavors ja ets en el gran corrent.

XIX

Jo sóc la paraula que ha passat pel foc
I vinc a vosaltres per ferir-vos d'amor.
El qui és i el qui era us convoca en la pau
I us commina a sortir del país de l'exili.

Els comerciants de la vida ploraran
I es doldran d'ells mateixos com reis destronats.
En les osseres dels cucs i en les flors del temps
Perviu la fundació mítica de la realitat.

Babilònia, la luxosa prostituta d'antany,
S'ha tornat a fer forta entre els nostres germans.
Teranyines de possessió, addicions de consum,
Presons d'encants, oh orgies de les nacions!

Però ell sap guardar la paraula de la paciència
I atorga a molts de cors una bondat orgànica,
Una fe vegetal, i una esperança viatgera,
A fi que no hi hagi cap més execració.

There is not a profane world here
And a sacred world there,
Do not separate the great oneness:
Everything is an integral being.

If you can already flow with things,
If you have already learned to remain empty,
If you are equal both inside and outside,
Then you are already part of the great current.

XIX

I am the word that has gone through fire
And now I come to you to hurt you with my love.
He who is and he who was summons you in the peace
And orders you to leave the country of the exile.

Life traders will weep
And they feel sorry about themselves as dethroned kings.
In the ossuaries of worms and the flowers of time
Survives the mythical foundation of reality.

Babylonia, the luxurious prostitute of long ago,
Has become strong again among our siblings.
Cobwebs of possession, consumer goods additions,
Captivations prisons, oh orgies of the nations!

Nevertheless, he knows how to guard the word of patience
And grants to many hearts an organic kindness,
A vegetable faith, and a travelling hope,
So that no other execration will persist.

Jo sóc l'oracle dels darrers dies en vosaltres.
He viatjat a les contrades bíbliques, i als inferns.
He conegut les terres de Déu, i aquells cels
On l'home des de la creació és esperat.

                                    XX

Ja poques paraules hi ha en mi
I voldria arribar a callar del tot.
El que dic es perd en qualque lloc
I no hi ha ningú ben disposat.

La saviesa s'amaga com els dragons,
I els caçadors no la trobaran.
L'amor és un miracle del meu Déu,
Però ningú no vol restar quiet.

M'abandon a l'inaudit amor meu,
I seguesc el bell camí del foc;
M'abandon a l'onada divina
I sóc alçat en el corrent universal.

I am the oracle of the last days in you.
I have travelled to the Biblical regions, and to Hell.
I have known the lands of God, and the skies
Where man is being waited for since Creation.

XX

Very few words still remain in me
And I would like to finally be completely quiet.
What I say gets lost somewhere
And there is no one with good intentions.

Wisdom hides as the small lizards
And the hunters will not find it.
Love is a miracle of my God
But no one wants to remain still.

I abandon myself to the prodigiousness of my love
And I follow the beautiful way of fire;
I abandon myself to the divine wave
And I am lifted in the universal current.

ZERO

Jo cavalc tot sol el cavall de l'existència
i la meva vida no s'immuta davant l'imperi del temps,
així trota, a l'aire, lliure bellament el pensament
mentre vaig perdent idees tatuades com monedes
i imatges desolades del món;
tant me fa el dia com la nit:
els solitaris carrers que esperen les belles novies
i les corcades avingudes dels grans esdeveniments
i les verdes hores
i els anys;
tot arriba finalment al seu punt definitiu:
la calma al cor i el crit al silenci,
l'home a la gran lluita i al dolor,
i les criatures a la dona i a l'alegria,
el cavall a l'infinit i l'espant a la innocència,
jo mateix al meu cavall
i la poesia a la poesia.

ZERO

Alone, I ride the horse of existence
and my life is not perturbed before the empire of time,
thus the thought trots free in the open air beautifully
while I loose ideas which are tattooed as coins
and desolate images of the world;
I do not care whether it is day or night:
the solitary streets that await the beautiful brides
and the worm-eaten avenues of the big events
and the green hours
and the years;
everything comes finally to his definitive point:
the calmness to the heart and the shout to silence,
the man to the great fight and pain,
and children to women and to happiness,
the horse to what is infinite and fright to innocence,
me to my horse
and poetry to poetry.

ELS POETES

Allò que funden els homes
necessita de l'Esperit. Perquè
la natura és simple, hostil a la pregària,
i el cor vol i desitja;
els déus ho sabien, ells, que compartien
el creatiu destí de l'estirp.
És així com també en aquest dia de glòria,
quan alguns homes, callats,
eleven la mirada al cel, el benigne,
que comprenen que res no sura
ni té per ell mateix el repòs.
Ningú per força no pot igualar
cap do, cap gràcia divina,
i en somnis a penes es muden les idees
en el passeig de corriols solitaris,
bé que esponerosos de vida;
tendres i gojosos els ocells viuen,
que no saben morir. Tanmateix
l'esperit vol ritme, música,
un neguit i tot el calma,
car la glòria a vegades et sorprèn,
i aquell qui tant sols ho arreplega tot
ha viscut ben debades, lluny del que batega
arreu, endins, enfora, feliç!
(com la mar, l'excel·lent,
com la mar que iguala el cel
en color i moviment i resplendor);
així també us voldríem, Angèlics,
a ca nostra, en la llar tranquil·la,
dormint de cara a l'albada
car l'home sovint és infeliç.

THE POETS

That which men found
requires the Spirit. Because
Nature is simple, hostile to prayer,
and the heart wants and desires;
the Gods knew it, they who shared
the creative destiny of race.
This is also how on the glorious day,
some men will keep silent,
raising their eyes to the sky, the Benign One,
understanding that nothing fleets
nor contains rest in itself either.
Inevitably one can match
any gift, any divine grace,
and in dreams, hardly, move the ideas
in the walk of solitary paths,
though they are luxuriant of life –
sweet and happy is the life of birds,
since they cannot die. Nevertheless,
the spirit craves rhythm, music,
an restlessness to calm it,
because glory will sometimes surprise you
and he who only monopolizes everything
has lived vainly, far from what beats
in all places, inside, outside, happily!
(like the Sea, the Excellent One,
like the Sea that equals the sky
in color, and movement, and radiance);
this is also how we would like you, Angelical Ones,
in our house, in the calm home,
sleeping in the face of the dawn,
for man is often unhappy.

La llum i l'aire i el cor
no li basten, vol més del temps
i del món en què ha estat convocat,
però els seus somnis no perduren
i sols els poetes conviuen

amb l'Esperit, els seus mots
funden la glòria d'aquest món
i obrant en el perill
ens obrin els Grans Temples.

Light and air and the heart
are not enough for him, he requires more of the time
and the world into which he has been summoned,
but his dreams do not persist
and only poets coexist

with the Spirit, theirs words
found the glory of this world
and, acting in danger,
open the Great Temples for us.

TANKA A MIQUEL I MONTSERRAT[*]

El dolor de viure
us transforma cada dia
en l'amor de l'altre.

TANKA DE LLUM

Els teus ulls conviden
la vida al goig i la pau,
encenen un món.
Els teus ulls serens, pregons,
aquí m'inunden de llum.

---

[*] Es tracta del poeta Miquel Martí i Pol i la seva dona Montserrat Sans.

HAIKU TO MIQUEL AND MONTSERRAT[*]

The pain of living
transform you every day
into the love of another.

LIGHT TANKA

Your eyes invite life
to pleasure and peace,
they ignite a world.
Your serene, deep eyes
here flood me with light.

---

[*] This refers to the poet Miquel Martí i Pol and his wife Montserrat Sans.

HAIKÚ A VENIR

En venir el bon temps
et duré en aquell lloc on
el silenci canta.

TANKA DEL MATÍ

Matí fabulós:
la terra roja girada
de l'ametllerar
carregat de tanys de llum
de les anyades del món.

HAIKU FOR COMING

When the right time comes
I will take you to the place
where silence sings.

MORNING TANKA

Fabulous morning:
the red ploughed land
in the almond orchard
heavy with sprouts of light
from all the seasons of the world.

HAIKÚ VERD

En la verda pruna
hi ha la idea molt estranya
que serà menjada.

TANKA DELS RIUS

No he vist mai cap riu
(al meu país no hi ha rius),
però conec l'aigua,
la força que irromp morint
en la gran calma del mar.

UNRIPE HAIKU

In the unripe plum
the very strange idea exists
that it *will* be eaten.

RIVER TANKA

I have never seen any river
(there are no rivers in my country)
but I have come to know water,
the force that breaks whilst dying
in the vast calm of the sea.

TANKA BUIDA

El meu pensament
el meu pobre pensament
el més trist de mi,
el romp la teva abraçada
i vago al gran buit sagrat.

HAIKÚ EN BATEC

Ara et veig un àngel
que et toca el batec del cor,
i somrius, i cantes.

EMPTINESS TANKA

My thought,
my poor thought,
the saddest one in me,
broken by your embrace
while I roam towards the great sacred void.

BEATING HAIKU

I see the angel now
touching your heartbeat
smiling, and singing.

TANKA DEL MÓN

La claredat viu
en l'espai dolç dels teus braços,
i en les mans més pures.
Ets tu qui abraces el món,
i el món t'estima amb claror.

HAIKÚ AMOR

Escolta el teu cor
i sentiràs el d'un déu
que en mi encara alena.

WORLD TANKA

Clarity inhabits
the sweet space between your arms,
and in the purest hands.
It is you embracing the world,
and the world loves you back full of light.

LOVE HAIKU

Listen to your heart
and you will hear a god's heart
still breathing in me.

TANKA L'ARBRE

Solitari al cim
sense camí al seu voltant
l'arbre prop del cel:
he vist la serenitat
he entès la forma més gran.

HAIKÚ PETIT

El dolor més gran
nodreix els petits insectes
i els enamorats.

TREE TANKA

Lonely at the summit
with no way around it
the tree is near the sky:
I have seen serenity
I have come to understand the mightiest form.

SMALL HAIKU

The strongest pain
nourishes small insects
and lovers as well.

TANKA DE LLUC

Reps el caminant
en la profunditat santa
del bosc i la llum.
Trobo el sagrat amagat
en les teves grans magnòlies.

HAIKÚ SAGRAT

Tots els mots i els noms
no saben anomenar
el lloc buit de Déu.

TANKA FOR LLUC*

You receive the wayfarer
in the holy depths
of forest and light.
I discover sacredness hidden
in your tall magnolias.

SACRED HAIKU

All words and names
cannot name
God's empty place.

---

* This Sanctuary is the spiritual centre of Mallorca.

TANKA ÚLTIMA

Las, sense cap somni
a mi mateix dic adéu,
tot fruit de dolor:
llargs, durs anys en mi sospiren,
el que em resta no té nom.

FINAL TANKA

Exhausted, dreamless
I say farewell to myself,
everything is the result of pain
all the long, hard years sigh inside me
that which remains is nameless.

Printed in Great Britain
by Amazon

34766933R00050